CÓMO HACER UNA MONOGRAFÍA

MAURICIO FAU

ISBN: 9789871719228

DEDICATORIA

A mis hijos Elías, Selva, Greta, Ciro y Yaco.

A mi hija de la vida Emma.

A mi esposa Cecilia.

INTRODUCCIÓN

QUÉ _NO_ ES UNA MONOGRAFÍA

DIFERENCIAS ENTRE MONOGRAFÍA, TESIS, TESINA, ESTUDIO Y ARTÍCULO CIENTÍFICO

A simple vista, estos cinco tipos de escritos se parecen. Esto es así porque tienen en común una serie de características:

- ✓ Tratan sobre un tema específico
- ✓ Son de carácter informativo
- ✓ Se basan en la recolección de datos, los que
- ✓ Son ordenados y analizados, para finalmente
- ✓ Sacar conclusiones personales

En principio, UNA <u>MONOGRAFÍA</u> ES UNA INVESTIGACIÓN ESCRITA, PERSONAL Y BREVE SOBRE UN TEMA ESPECÍFICO, describiendo lo que otros escribieron sobre él, por medio de una AMPLIA REVISIÓN BIBLIOGRÁFICA Y aportando CRÍTICAS e ideas propias (TEXTO ARGUMENTATIVO)[1]. Aunque no exige resultados novedosos por parte del autor (no está obligado a aportar algo desconocido), se espera que brinde mínimamente una nueva mirada sobre algo conocido. Por lo general, las realizan alumnos secundarios, universitarios y graduados para ser evaluados en alguna materia en cualquier momento de sus estudios.

Un <u>ARTÍCULO CIENTÍFICO</u> hace también una revisión bibliográfica, pero tiene como requisito esencial CONTENER ALGUNA NOVEDAD. Sin necesidad de que sea algo revolucionario, esa novedad debe describir algo que no se haya dicho anteriormente. Es DE MENOR EXTENSIÓN que

---

[1] Al tomar posición por alguna de las posturas existentes en un tema determinado, la monografía se distingue del <u>INFORME</u>, en el que el autor se limita a describir e interpretar puntos de vista sin tomar partido por ninguno de ellos.

una monografía.

Un <u>ESTUDIO</u> también es una INVESTIGACIÓN, pero DE una AMPLITUD MAYOR, de modo que puede llegar a convertirse en un libro (una monografía podría ser el capítulo de un libro pero no un libro por sí sola).

En muchas CARRERAS DE GRADO se exige la aprobación de una <u>TESINA</u> (también llamada tesis monográfica) para graduarse. La diferencia con una monografía está dada por su mayor extensión y por el requisito de que la tesina debe APORTAR algún CONOCIMIENTO NUEVO E INÉDITO, demostrado por medio de una hipótesis (lo que exige poner a prueba a ésta en casos empíricos).

La <u>TESIS</u> tiene las mismas características de la tesina, pero en general se refiere a investigaciones de finalización de un posgrado con el objetivo de alcanzar un DOCTORADO. Por eso también se le llama tesis doctoral. Debe incluir una revisión bibliográfica (pero menos amplia que en el caso de una monografía, ya que sólo se analizarán en detalle los aspectos de la bibliografía que serán mejorados con la tesis; el resto de la información será sólo referenciada), una fundamentada crítica de esa bibliografía y resultados novedosos surgidos de la puesta a prueba de una hipótesis. Los aspectos novedosos deben ser mucho más extensos y relevantes que los de un artículo científico.

Ahora bien, una monografía puede servir de base para un estudio, tesina o tesis.

1- TODO UN TEMA

La ELECCIÓN DEL TEMA parece fácil, pero es lo más difícil de todo.

En su ya célebre libro sobre las tesis, Umberto Eco aconseja DESCARTAR LOS TEMAS "PANORÁMICOS". ¿Qué es un tema "panorámico?: un "*abarcalotodo*", es decir, lo opuesto a lo monográfico, que debe caracterizarse por lo puntual del tema, por un recorte específico y determinado de la realidad.

Veamos un ejemplo de cómo –partiendo de un tema "panorámico"– podemos llegar a un correcto recorte del tema: supongamos que queremos escribir una monografía sobre los sindicatos. Si no tenemos mucha experiencia y pecamos de inocencia (y cierta soberbia) nuestra conclusión será "¡*Eureka*, ya tengo el tema!" y el tema de mi monografía será… "Los sindicatos".

En cuanto nos pongamos a andar, nos daremos cuenta de lo delirante de nuestras pretensiones: si esto es inviable en una tesis doctoral (que se supone es algo abarcativo), más aún lo es para una monografía solicitada por un profesor para calificarnos. ¿Por dónde deberíamos empezar? Si buscamos en la sección "libros" de *Google*, encontraremos 233.000 libros sobre sindicatos (¡y esto sólo en Internet!). El tiempo necesario para leer un 1 % de esos libros nos llevaría años. Y la extensión del texto sería de cientos o miles de páginas. Aún en el caso de insistir, fracasaremos miserablemente al momento de defender la monografía ante el docente. Bastará con que el profe mire la bibliografía consultada y vea que falta algún texto clave sobre el tema (¡faltará sin dudas porque hay miles de libros que hablan de lo mismo!). Olvídenlo.

Nos vemos obligados, entonces, a hacer un PRIMER INTENTO DE RECORTE. Por ejemplo, un recorte geográfico: "Los sindicatos en Argentina". Vamos mejor, pero sigue siendo tan amplio que es imposible de abordar. Hay cientos de sindicatos, algunos con 150 años de historia.

Avancemos UN PASO MÁS, con un recorte temporal: "Los sindicatos en Argentina entre 1955-1973". Vamos mejorando. Así y todo, el tema sigue siendo demasiado pretencioso para una monografía (tal vez sería viable para un libro). A propósito: la búsqueda en *Google* nos remite a "sólo" 3.610 libros…

1.1 ¿Tenemos que elegir un tema de antemano?

Ahora bien, nadie dice que el tema tiene que estar elegido de antemano, antes de leer nada. ¿Entonces? Lo que podemos hacer es elegir un tema general inicial (por ejemplo, los sindicatos) y leer algunas enciclopedias, diccionarios o textos generales, que nos den una aproximación al tema. Es recomendable anotar en un papel ciertas frases, datos, fechas, definiciones y demás elementos. Serán las primeras piezas (sueltas) de nuestro rompecabezas.

De esa lectura general y de esas anotaciones, tarde o temprano aparecerá algo que nos llame la atención. Por ejemplo, cuando en la enciclopedia hable de que el primer sindicato argentino se fundó en 1857 y fue la *Federación Tipográfica Bonaerense*. Tal vez esto nos haga *"click"* y nos ayude a resolver el problema. Nuestra monografía podría tener como tema el siguiente: "El sindicato gráfico en Argentina entre 1955-1973" (¡el *Google* nos "tira" 157 libros!).

Un tema acotado, que nos permitirá leer si no todos al menos los libros más importantes que se hayan escrito sobre el tema (que además están disponibles en bibliotecas, librerías o *Internet*), en un tiempo razonable.

¿Un paso más? Las lecturas del período posterior a la caída del peronismo nos mostrarán reiteradamente la aparición de un nuevo fenómeno: las comisiones internas. ¿Qué tal si analizamos a éstas en lugar de a todo el sindicato? Ya tenemos un tema bien específico: "Las comisiones internas en el sindicato gráfico en Argentina entre 1955-1973".

¿Y si no disponemos de información sobre los gráficos de Misiones y Neuquén? (peor aún, ¿y si ni siquiera sabemos si hay actividad gráfica allí?). Lo mejor será hacer un último y definitivo recorte.

Nuestra monografía hablará –ahora sí– de "Las comisiones internas en el sindicato gráfico en Córdoba entre 1955-1973".

1.2 Tema general, título y subtítulo de la monografía

¿Cuál debe ser el TÍTULO DE NUESTRA MONOGRAFÍA? Vayamos por partes.

En primer lugar tenemos la PRESENTACIÓN DEL TEMA GENERAL. Por ejemplo, "Los sindicatos tras la caída de Perón". Como es una primera aproximación, no hay que especificar más.

EL TÍTULO DEBE ALUDIR AL CONTENIDO ESPECÍFICO DE NUESTRO TRABAJO: "Las comisiones internas en el sindicato gráfico en Córdoba entre 1955-1973".

Finalmente, EL SUBTÍTULO SERÁ LA "BAJADA" o ampliación DEL TÍTULO. Aquí debemos colocar la HIPÓTESIS DEL TEXTO: por ejemplo, "Acción directa y debilitamiento de la democracia" o "Acción directa y formación de una conciencia obrera revolucionaria". Es evidente que la elección de uno u otro título indicará la posición del enunciador ante el tema.

Cuando hablamos de hipótesis lo hacemos en un sentido "débil" y no en el sentido de hipótesis científica, ya que ésta será requisito indispensable en el caso de una tesina o tesis (en ese caso, habrá que contrastarla con casos observables). En una monografía, hablaremos de "hipótesis" en el sentido de "idea principal" defendida por el autor en contraposición a las ideas de otros autores.

CUIDADO CON LOS TEMAS QUE EXIGEN

LEER LIBROS EN OTROS IDIOMAS

No es conveniente elegir, por ejemplo, "El sindicato gráfico en Brasil durante el gobierno de F. H. Cardoso". A menos que sepamos que existen en español los libros más importantes sobre el tema, o que manejemos el portugués, no estaremos en condiciones de hacer una correcta revisión bibliográfica.

1.3 Tema principal y temas subordinados (subtemas)

El hecho de que un tema sea el principal, por un lado, y de que otros temas sean subordinados a él, no se desprende del tema en sí mismo sino que dependerá del recorte elegido.

Por ejemplo, el concepto "comisión interna" se subordina lógicamente al de "sindicato" (hay muchas comisiones internas por sindicato). Sin embargo, en el contexto del tema de nuestra monografía, "Las comisiones internas en el sindicato gráfico de Córdoba entre 1955-1973", la relación se da a la inversa: el término "comisión interna" será el principal y "sindicato" actuará como rueda de auxilio o subtema de aquel.

1.4 ¿Se puede acotar más?

Es posible, al menos, hacer dos recortes más:

a) Se puede abordar un tema de monografía DESDE UNA DISCIPLINA O ENFOQUE

ESPECÍFICO. Por ejemplo, desde la Sociología laboral. En ese caso, nuestro objeto de estudio será más acotado aún: por ejemplo, "Las comisiones internas frente a los accidentes de trabajo en el sindicato gráfico cordobés entre 1955-1973". Otro ejemplo, en este caso desde la Ciencia Política: "Los partidos trotskistas en las comisiones internas del sindicato gráfico cordobés entre 1955-1973".

b) Dentro de una misma disciplina hay numerosas CORRIENTES TEÓRICAS. Así, dentro de la disciplina Sociología, podemos optar por trabajar con alguno de los marcos teóricos, tales como el funcionalismo o el marxismo. La estipulación consciente de la escuela de pensamiento que incluiremos en nuestro trabajo (lo que no significa que estemos de acuerdo con ella; incluso pueden ser varias) es fundamental para determinar el LÉXICO a utilizar. En el mismo título de la monografía ya debe estar presente esto. Siguiendo el ejemplo, un análisis funcionalista nos llevará a un título como "Roles disfuncionales en las comisiones internas del sindicato gráfico en Córdoba entre 1955-1973". En cambio, un estudio que se concentrara en el marxismo podría titularse "Lucha de clases en las comisiones internas del sindicato gráfico en Córdoba entre 1955-1973".

DEFINIR LOS TÉRMINOS CENTRALES DE LA MONOGRAFÍA

En cualquier monografía, tesis, tesina, estudio o artículo científico hay que definir los conceptos que involucren al núcleo de la investigación. Siguiendo uno de los ejemplos, no podremos hacer un trabajo serio si no definimos "Rol", "Disfuncional" y "comisiones internas", etc.

1.5 El alumno como "experto" frente a un docente poco informado

¿Se dan cuenta de la diferencia abismal entre el tema del principio y los que quedaron al final?

Lo notarán a la hora de exponerlo al profesor: mientras que en el primer intento era el profesor el que tenía la posición dominante ("¿los sindicatos?, qué gracioso", pensará), ahora serán USTEDES los que ENSEÑARÁN AL PROFESOR UN TEMA NUEVO ("¿la lucha de clases en las comisiones internas del sindicato gráfico cordobés entre 1955-1973?, qué interesante, de esto no sé casi nada", razonará).

Mientras que al principio empezamos con la idea de decir "poco" de "mucho", terminamos por decir "mucho" (sino "todo") de "poco". El profe no podrá reclamarle al alumno el hecho de no utilizar el libro de la historia del sindicato gráfico de la Provincia de Buenos Aires, ya que no es la bibliografía pertinente según el tema elegido.

¿Y DEL PANORAMA QUÉ QUEDÓ?

¿Resulta entonces que no hablaremos en la monografía de cuestiones generales? ¿Es posible hablar de los gráficos cordobeses sin hablar del "Cordobazo" o del "peronismo sin Perón"? Claro que no. Pero ése no es el punto.

Eco lo explicó claramente: UNA COSA ES USAR EL PANORAMA COMO FONDO (por ejemplo, qué pasó en la Argentina y en el mundo entre 1955 y 1973), como contexto, Y OTRA pretender HABLAR DEL PANORAMA. Olvidémonos de la enciclopedia: cuanto más restringido sea el campo de estudio, mejor trabajaremos y más seguros nos sentiremos.

2- LA BÚSQUEDA DE INFORMACIÓN

2.1 La información según el tipo de monografía

Básicamente, tenemos dos tipos de monografías: en la MONOGRAFÍA BIBLIOGRÁFICA lo que se hace es buscar, ordenar y analizar la bibliografía sobre un cierto tema. Se requiere una investigación exhaustiva, de modo que el escrito describa todas las posturas existentes.

El otro tipo es la MONOGRAFÍA EMPÍRICA. Aquí el dato no se obtiene de bibliografía sino de estudios de casos (por ejemplo, de enfermos de cáncer de pulmón o de madres solteras).

La monografía de nuestro ejemplo es del primer tipo.

2.2 Textos de referencia o fuentes. Fuentes primarias y secundarias

La distinción entre tipos de monografías es importante a la hora de hablar de diferentes TIPOS DE FUENTES: un caso clínico será un dato o FUENTE PRIMARIA, mientras que la información obtenida a partir de un libro será un dato o FUENTE SECUNDARIA. Esto si tomamos en cuenta la relación entre las dos clases de monografías.

Pero EN EL CASO DE UNA MONOGRAFÍA BIBLIOGRÁFICA también podemos distinguir entre fuentes primarias y secundarias. Para nuestra monografía, una edición original de un autor que haya analizado al sindicato gráfico es una FUENTE PRIMARIA.

Pero si un libro está haciendo referencia a otros libros que hablan sobre el tema, ese libro será para nosotros una FUENTE SECUNDARIA. En este caso, un libro que comente, explique o critique al libro de aquel autor que analizó al sindicato gráfico, es una fuente secundaria.

No sólo pueden ser fuentes los libros: también pueden serlo también otros textos (revistas, diarios, folletos, contratos, publicidades, etc) fotos, videos, audios, testimonios de personas y muchas más.

2.3 Criterios para hacer una correcta búsqueda bibliográfica

¿Cómo sabremos si una fuente será útil para nuestra investigación? Habrá que tener en cuenta que LAS FUENTES DEBEN:

✓ SER CONFIABLES → es decir, deben tener información veraz y rigurosa. Ejemplos: diccionarios, libros de texto y artículos científicos (de todas formas, no hay una garantía absoluta de ello).

✓ PREFERENTEMENTE DE PRIMERA MANO → si queremos citar una idea de un autor, lo lógico es ir al libro de ese autor en lugar de tomar la cita hecha en otro libro.

✓ RELEVANTES → esto significa que tienen que tener una relación directa con el tema de nuestro trabajo.

✓ NO REDUNDANTES → si citamos la definición de un concepto y luego encontramos en otra fuente una cita similar, no debemos incluir a ésta (salvo que la idea sea remarcar la coincidencia de dos autores en la misma idea).

✓ CUBRIR TODOS LOS ASPECTOS DEL TEMA → sólo así nuestra búsqueda de fuentes será completa.

¿TENGO QUE LEER EL LIBRO ENTERO PARA SABER SI ME VA A SERVIR PARA MI MONOGRAFÍA?

Afortunadamente para extraer una idea o párrafo de un libro no es necesario leerlo completo. Lo que sí se requiere es tener una idea general del mismo, y eso se logra leyendo un elemento del paratexto[2] que es el resumen o *abstract* de la obra.

2.4 Cómo clasificar la información recolectada

Primero logramos un tema monográfico. Luego seleccionamos fuentes relacionadas con ese tema (en nuestra monografía bibliográfica, libros).

---

[2] Para profundizar en el concepto de "paratexto" ver *Cómo resumir* y *Cómo estudiar* (bibliografía al final).

De esas fuentes elegimos ciertas partes y descartamos otras.

Ahora la idea es volver sobre las partes seleccionadas para "sacarles el jugo". ¿Qué podemos hacer con ellas? Un recurso es marcar con distintos colores los párrafos para distinguirlos unos de otros. ¿Distinguirlos en cuanto a qué? Por ejemplo, marcar en azul las citas que vayamos a utilizar, en verde las posturas que consideremos más sólidas del autor del texto, en amarillo algún ejemplo clave y en rojo los puntos más débiles o que merecen nuestra crítica.

Una vez hecho esto, podemos tomar al azar dos párrafos de distinto color y tratar de establecer alguna relación entre ellos. Esto desatará nuestra inventiva, nos sugerirá relaciones entre los juicios y nos permitirá hacernos nuevas preguntas.

3- LA INTRODUCCIÓN

3.1 ¿Qué hay que poner en la introducción?

Si debemos decirlo en pocas palabras, LA INTRODUCCIÓN ES BÁSICAMENTE UN COMENTARIO DEL ÍNDICE DE LA MONOGRAFÍA.

¿Qué pondremos como TÍTULO DE LA INTRODUCCIÓN? Algo que aluda al tema o más en general a la tesis que vamos a desarrollar.

En la introducción de una monografía debemos PRESENTAR EL TEMA y un PROBLEMA que el mismo presente –por ejemplo, el hecho de que no se haya explicado correctamente aún el papel jugado por las comisiones internas gráficas tras la caída de Perón–.

Luego se mencionarán los TEXTOS Y

AUTORES QUE SE ANALIZARÁN, especificando qué tratamiento recibirán.

Lo que sigue es la exposición del OBJETIVO DE LA MONOGRAFÍA Y la JUSTIFICACIÓN DE LA ELECCIÓN DEL TEMA, es decir, su importancia y utilidad.

La respuesta al problema es nuestra TESIS, es decir, NUESTRA POSICIÓN FRENTE AL PROBLEMA en cuestión. Por ejemplo, que las comisiones internas gráficas tendieron a asumir un rol de confrontación con el orden socio-político dominante, y que con ello generaron un estado de anomia que favoreció al clima desestabilizador de la débil democracia.[3] En la introducción sólo la enunciaremos y anunciaremos qué tratamiento le

---

[3] Nótese que en este ejemplo estamos utilizando un marco teórico proveniente de la Sociología funcionalista –como "rol" y "anomia"– y de la Ciencia Política institucionalista –"desestabilización de la democracia"–. Si hubiésemos optado por una visión marxista podríamos haber dicho que las comisiones internas gráficas viraron al "clasismo", cuestionando al orden "democrático-burgués" y planteando una alternativa "socialista revolucionaria" superadora. Es muy importante tener presente que los términos que usamos no son inocentes (lo cual excede al lenguaje de una monografía y es aplicable a la vida misma).

daremos, es decir, qué haremos para justificarla.

El MARCO TEÓRICO que se usará es fundamental para situar al lector, lo mismo que la DEFINICIÓN de los términos y conceptos fundamentales (en nuestro ejemplo, "rol", "orden socio-político dominante", "anomia", "clima desestabilizador de la democracia").

Describiremos brevemente el PLAN U ORGANIZACIÓN DEL TEXTO.

Finalmente, expondremos QUÉ INTERÉS OFRECE NUESTRO TRABAJO, tratando de interesar al lector para que siga leyendo.

¿A QUIÉN HAY QUE HABLARLE?

¿Quién es el destinatario –o más precisamente el ENUNCIATARIO– de nuestra monografía? En realidad son varios:

✓ TODO LECTOR POTENCIAL (cualquier persona que pueda leernos)

✓ EL PROFESOR DEL CURSO O CÁTEDRA que encargó el trabajo

✓ EL CONTRADESTINATARIO, es decir aquellos adversarios que suponemos se opondrán a nuestros argumentos. Discutir con éstos reforzará nuestra argumentación, la cual tendrá mayor capacidad de convencimiento sobre otros enunciatarios

✓ EL PROPIO ENUNCIADOR COMO ENUNCIATARIO, es decir, el autor cuando se lee a sí mismo para corregirse o criticarse

4- ¿UNA MONOGRAFÍA EXPLICA O ARGUMENTA?

¿Escribir una monografía implica dar información de otros o volcar nuestro punto de vista? Pues AMBAS COSAS.

EXPLICACIÓN Y ARGUMENTACIÓN EN UNA MONOGRAFÍA

- ✓ Explicación de las interpretaciones existentes sobre un tema (se la desarrolla en el cuerpo principal)
- ✓ Crítica de las mismas (se la desarrolla en el cuerpo principal)
- ✓ Argumentación de la propia interpretación o tesis (se la adelanta en la introducción, se la fundamenta en el desarrollo y se la cierra en la conclusión)

En la **PRIMERA PARTE** del desarrollo de una monografía predomina la EXPLICACIÓN: lo que haremos será resumir, exponer o informar acerca de teorías o conceptos de terceros. La idea es aportar datos al lector, SIN PONER EN CUESTIÓN LO QUE SE INFORMA. Analizaremos, revisaremos, desmenuzaremos y relacionaremos, pero no cuestionaremos la veracidad o validez de los datos informados. AL EXPLICAR ESTAMOS ACTUANDO DE INTERMEDIARIOS ENTRE UN AUTOR (otro, no nosotros) Y UN LECTOR. Es recomendable la tercera persona y formas impersonales ("el autor sostiene que", "se ha sostenido que").

Hay dos formas posibles de hablar sobre lo que dijeron otros: en el caso de las REFERENCIAS DIRECTAS lo que haremos es CITAR textualmente y entre comillas al autor, colocando la correspondiente referencia bibliográfica.

Cuando lo que queremos es explicar posturas ajenas, la apelación a citas es ineludible (seleccionando las más importantes para no sobrecargar el texto innecesariamente). En cambio, si estamos en una fase de argumentación, vamos a limitar las citas sólo a aquellas que guarden relación directa con nuestras tesis o argumentos.

¡CUIDADO CON EL "COPIO Y PEGO"!

Los buscadores de Internet han facilitado enormemente el acceso a cualquier tipo de información. Y también han facilitado… la copia. Cualquier puede, en cuestión de segundos, "copiar y pegar" un texto ajeno y adjudicárselo como propio. Sin embargo, esos mismos motores de búsqueda pueden ser usados por los profesores, cuando sospechan que el estilo de la redacción, la forma de presentación o lo complejo de ciertas ideas de una monografía, parecen indicar que el alumno que la presentó no fue el autor. El plagio, hoy en día, puede ser rápidamente descubierto. La cita entre comillas es un acto de honestidad intelectual y nos ahorrará dolores de cabeza.

UN RECURSO PARA CITAR CORRECTAMENTE:

CUÁNDO USAR LOS CORCHETES

✓ Cuando a una cita le queremos AGREGAR UN COMENTARIO O ACLARACIÓN BREVE. Por ejemplo, si la cita dice "Ramírez se opuso a la medida de fuerza" y sospechamos que el lector no sabrá quién es Ongaro, citaremos del siguiente modo: "Ramírez [destacado dirigente gráfico de Córdoba] se opuso a la medida de fuerza".

✓ Cuando queremos CITAR SÓLO ALGUNAS PARTES DE UN PÁRRAFO EXTENSO. En ese caso, entre los corchetes pondremos PUNTOS SUSPENSIVOS. Ejemplo: "Las comisiones internas clasistas de tres fábricas estaban ligadas, una de ellas al peronismo de izquierda y las otras dos a corrientes trotskistas. Impulsaban medidas de acción directa como piquetes de huelga y tomas de fábrica. La dirección nacional gráfica, vinculada al peronismo tradicional, tenía serias dificultades para contenerlas porque se oponían a la línea del sindicato". De allí extraemos "Las comisiones internas clasistas [...] impulsaban medidas de acción directa [...] La dirección nacional gráfica [...] tenía serias dificultades para contenerlas [...]

✓ Cuando queremos REMARCAR QUE LA CITA TOMADA FUE TEXTUAL (y no un error o expresión nuestro). Utilizaremos Para ello la EXPRESIÓN "SIC" (que significa "así", "de este modo"). Por ejemplo, "El interventor militar manifestó que venía a sacar de la planta a los zurdos [sic]".

Otra manera de redactar las ideas de otros es por medio de las REFERENCIAS INDIRECTAS. Aquí lo que haremos es elaborar (en realidad, reelaborar) la palabra de otro autor, con nuestras propias palabras.

En la SEGUNDA PARTE del desarrollo de una monografía predomina la ARGUMENTACIÓN: aquí expondremos las propias ideas y los propios conceptos con el OBJETIVO DE CONVENCER AL LECTOR. Ésta será nuestra "tesis", en el sentido de POSTURA O RESPUESTA PERSONAL QUE TRATA DE EXPLICAR UN PROBLEMA, que consideramos que no ha sido explicado satisfactoriamente por las argumentaciones existentes. Ahora sí están permitidos la primera persona y el uso de términos evaluativos ("para nosotros", "no es acertado el planteo ya que…").

5- DESARROLLO: EXPLICAR Y ARGUMENTAR

5.1 Primera redacción

Comienza aquí el trabajo propiamente dicho. Desde este paso EMPEZAREMOS A CREAR TEXTO. Al principio no será mucho lo que aportaremos, ya que nos limitaremos a redactar con nuestras palabras las ideas de otros autores, aunque intercalando sus palabras (por medio de citas bibliográficas). También agregaremos párrafos para presentar temas, conectar citas o realizar algún comentario. Pero no mucho más. Lo más jugoso vendrá al momento de argumentar.

En un primer momento no será necesario que la redacción sea perfecta; nos concentraremos más en "qué" decir que en "cómo" decirlo.

5.2 Explicación como exposición de ideas ajenas

El término "EXPLICACIÓN" tiene dos significados: en un caso se refiere a la acción de demostrar que una cosa es causa de otra, la consecuencia. Esta es la EXPLICACIÓN CIENTÍFICA (donde la consecuencia, fenómeno o hecho a explicar se denomina *explicandum* y la causa explicativa del fenómeno se llama *explicans*).[4]

Sin embargo, cuando lo que queremos es describir lo dicho sobre un tema por otros autores, lo que haremos es una EXPOSICIÓN de textos, de manera más clara posible.

Pero, claro, una cosa es explicar cómo se hacen zapallitos rellenos y otra la incidencia del sindicalismo de izquierda en la estabilidad

---

[4] Para profundizar en los términos ligados a la explicación científica remitimos a Fau, Mauricio, *Diccionario Básico de Pensamiento Científico, Filosofía y Lógica*, La Bisagra Editorial, Buenos Aires, 2005.

democrática. ¿Cuál es la diferencia? Pues que esta última explicación –aunque parte de una exposición– acaba finalmente por tratar de establecer causas y consecuencias.

En síntesis: en los textos académicos (especialmente en los universitarios) encontraremos a ambos tipos de explicación.

5.3 El estado de la cuestión o "estado del arte"

En el desarrollo o cuerpo principal de la monografía nos dedicaremos en primer término a exponer todo lo importante que otros ya hayan dicho antes que nosotros sobre el tema en cuestión.

Diremos qué se sabe del tema, cuáles son las investigaciones clásicas y cuáles las más recientes, para cerrar con la descripción de aquellos tópicos poco tratados o desconocidos.

Contarle a los lectores el ESTADO DE LA CUESTIÓN antes de comenzar a escribir nuestra postura, es un paso ineludible.

Es aquí donde INCLUIREMOS LA MAYOR PARTE DE LAS CITAS seleccionadas en la primera etapa del trabajo.

En esta parte del trabajo, los títulos deben mencionar a los autores, o bien a las ideas principales que éstos sostienen.

TRATEMOS DE EVITAR EL USO DE BARBARISMOS O PALABRAS EXTRANJERAS, REEMPLAZÁNDOLAS CON TÉRMINOS EN ESPAÑOL. SI ESTO NO FUERA POSIBLE, COLOCARLOS EN CURSIVA Y CON ACLARACIÓN DE SU SIGNIFICADO.

5.4 Características del discurso explicativo-expositivo

La FUNCIÓN del discurso explicativo-expositivo es INFORMAR lo más objetivamente posible. Por esta razón, cuando exponemos debemos cuidarnos de opinar, valorar o colocar componentes emotivos al lenguaje utilizado. EXPONER ES DAR A CONOCER CONTENIDOS PARA SU COMPRENSIÓN. Es probable que esos contenidos contengan interpretaciones y puntos de vista de los autores de los cuales hablamos. Lo que hay que EVITAR es entremezclar NUESTRAS INTERPRETACIONES Y PUNTOS DE VISTA.

¿Cómo se debe redactar al exponer? Se lo debe hacer como si no fuera escrito por nosotros y como si no estuviera destinado a nadie en particular. Esto se logra utilizando la tercera persona, el "nosotros" o alguna forma impersonal (por ejemplo, "suele pensarse que").

Las CITAS son un recurso por excelencia en una exposición. Al citar, las comillas, los dos puntos, las cursivas, los subrayados y las negritas se utilizarán con el objetivo de dejar claramente delimitado el discurso del que cita (nosotros) y del que es citado (el autor en cuestión).

Y las FUENTES se incluyen para reforzar la objetividad, es decir, para que cualquiera pueda comprobar si la cita es correcta y se está usando adecuadamente para explicar algo.

RECURSOS PARA EXPLICAR

✓ DEFINIR → establecer con precisión y claridad el SIGNIFICADO de un término o expresión. La más habitual es la definición descriptiva, donde se exponen los elementos que componen a un concepto. Toda definición sólo puede ser entendida en el marco de la teoría que la engloba.

✓ REFORMULAR → PLANTEAR CON OTRAS PALABRAS ciertos conceptos. La idea es simplificar, aclarar, "traducir". Se utilizan ciertos conectores como "es decir", "o sea", "en otras palabras", etc.

✓ EJEMPLIFICAR → EXPONER UN CASO incluido en una ley o principio general. Utiliza el tipo de razonamiento llamado "inducción".

5.5 Argumentación: la elaboración de las ideas propias

Todos los cuidados que debimos tener para hablar de lo que otros dijeron sobre un tema deberán ser dejados de lado a la hora de poner nuestra subjetividad en juego: es la hora de CONFRONTAR IDEAS.

Si en la parte expositiva dimos una definición, tratando de respetar lo dicho por otro, a la hora de la argumentación podemos dar nuestra propia definición, que en un sentido es una re-definición, en el sentido de que estamos cuestionando alguna definición precedente.

En la explicación actuamos como terceros intermediarios (B) entre A (un autor) y C (un lector). En la argumentación nuestra posición B se enfrenta a la de A para convencer a C.

El lector C es el destinatario principal de nuestro discurso; es aquel que aún no adhiere a nuestra postura, pero que puede llegar a hacerlo.

También pueden ser destinatarios aquellos que adhieran de antemano a nuestra ideas y quienes sean opositores a las mismas. Al argumentar contra estos últimos en verdad estamos tratando de convencer a aquellos lectores que no tienen una posición definida o contundente.

EN LA FASE EN QUE EXPLICAMOS, TODO ESTÁ FUERA DE DISCUSIÓN. EN LA FASE EN LA QUE ARGUMENTAMOS, TODO ES CUESTIONABLE.

HERRAMIENTAS PARA UTILIZAR EN LA SECUENCIA ARGUMENTATIVA

✓ SILOGISMO → es un discurso que tiene tres enunciados o proposiciones, una de las cuales –la conclusión– se infiere o deduce lógicamente de las otras dos –las premisas–.

✓ ENTINEMA → es un silogismo incompleto, ya que alguna de las premisas no está explicitada.

✓ HIPÓTESIS → es una proposición de dos partes que puede ser verdadera o falsa.

✓ ARGUMENTOS → son razonamientos y datos que tratan de probar una hipótesis.

✓ CONTRAARGUMENTOS → son argumentos que tratan de demostrar la falsedad de una hipótesis.

✓ CRÍTICAS A LOS CONTRAARGUMENTOS → son argumentos que tratan de demostrar que los argumentos críticos de nuestra postura no son sólidos.

5.6 Recursos de la argumentación

5.6.1 El ejemplo

Si queremos proponer una regla general sobre la cual no hay un acuerdo, un recurso es narrar una historia con un ejemplo de esa regla general.

Los ejemplos tienen una importante función emotiva: conmueven al destinatario. Sin embargo, en el lenguaje académico tenemos que tomar esto con pinzas. Siempre es más aconsejable apelar al razonamiento que a la emoción.

5.6.2 La cita de autoridad

Dado que en la argumentación se da un conflicto, quien argumenta se apoyará en ciertos referentes, a quienes citará para reforzar su planteo.

La CITA DE AUTORIDAD implica COLOCAR UN ENUNCIADO DE OTRO

ENUNCIADOR PRESTIGIOSO EN APOYO DE NUESTROS ENUNCIADOS o hipótesis. Con ello se busca utilizar el prestigio de la persona como garantía de validez de nuestras afirmaciones.

Esto presupone, además, que –dado que la persona citada es honesta, inteligente, capaz, etc– sus ideas también lo serán lo cual –cuidado– puede ser un arma de doble filo: personas geniales pueden decir estupideces y personas estúpidas pueden decir genialidades.

5.6.3 La definición argumentativa

Cuando estamos argumentando, la definición implica la NEGACIÓN DE OTRA DEFINICIÓN dada por un contrincante, a quien según el caso se le adjudica ignorancia, mala intención o poca rigurosidad.

La DEFINICIÓN ARGUMENTATIVA

puede disociar lo que la definición del contrincante une o presentar como aparente la definición que quiere refutar, presentando la propia como real.

5.6.4 La pregunta retórica

En general, una pregunta se hace para obtener una respuesta. No es así en el caso de una PREGUNTA RETÓRICA, porque en ella la respuesta ya se sabe de antemano.

¿Y por qué es un recurso para argumentar en favor de algo? Porque "SUAVIZA" LA INTENCIÓN DEL EMISOR DE IMPONER SU IDEA. No es lo mismo decir "Un sindicato es x cosa" que preguntar "¿Qué es un sindicato? Es x cosa". Al formular la pregunta retórica el que enuncia finge compartir una idea con el enunciatario, cuando en verdad está imponiendo su idea, la cual es la respuesta prevista de antemano a la pregunta formulada. De este modo, busca predisponer de modo favorable a quien escucha.

La pregunta retórica HACE PASAR COMO ALGO ACEPTADO ALGO QUE ES SÓLO UNA OPINIÓN DEL EMISOR.

EL LENGUAJE ACADÉMICO Y CIENTÍFICO SE DIFERENCIA DEL LENGUAJE COMÚN POR SER SENCILLO Y EXACTO. NO BUSCA LA BELLEZA NI LA COMPLEJIDAD SINO LA BREVEDAD Y LA CLARIDAD.

6- CONCLUSIONES

En las conclusiones deberemos incluir:

✓ Un resumen del desarrollo

✓ Una síntesis de las ideas aportadas y la defensa de su relevancia

✓ Preguntas que inviten a continuar con nuevas líneas de investigación acerca de problemas pendientes

7- REVISIÓN Y CORRECCIÓN

Al momento de revisar lo que escribimos, ES IMPORTANTE TOMAR DISTANCIA y hacer de cuenta —en la medida de lo posible— que estamos leyendo el texto de un tercero. La idea es reflexionar sobre lo escrito, criticarlo, buscarle puntos débiles, ponernos en "abogados del diablo". Esto nos permitirá ajustar y corregir lo escrito.

Pero ¿qué controlaremos? Básicamente forma y fondo de la redacción. Un elemento de la forma es la ORTOGRAFÍA y otro la SINTAXIS (el correcto armado de las frases, colocación adecuada de comas y puntos, una utilización adecuada de la persona —por ejemplo, decidir si redactaremos en primera o en tercera persona—, etc). También chequearemos que haya una ILACIÓN adecuada entre los títulos, entre subtítulos y entre párrafos. Y NUMERAREMOS correlativamente títulos y subtítulos.

En cuanto al fondo, nos referimos al contenido, a la SEMÁNTICA, al sentido o significado que queremos darle al escrito. Debemos ser coherentes en lo que decimos y esto incluye manejarnos con una TERMINOLOGÍA adecuada al marco teórico elegido.

Otra cuestión esencial: tenemos que constatar que el contenido de los párrafos coincida con lo anunciado por los títulos y subtítulos que los preceden. Los PÁRRAFOS NO deben ser demasiado EXTENSOS y las OPINIONES siempre deben estar FUNDAMENTADAS.

8- BIBLIOGRAFÍA, ANEXOS, ÍNDICES

Para completar nuestro trabajo, al final del texto deberemos incluir la BIBLIOGRAFÍA CONSULTADA, en orden alfabético por apellido del autor, incluyendo los siguientes datos: apellido y nombre, nombre del libro, editorial, ciudad, fecha y número de edición.[5]

Hay cierta información que se utiliza en una monografía que conviene presentar en un apartado especial al final del trabajo, ya que de hacerlo en el cuerpo central distraería la lectura. Por ejemplo, para nuestro ejemplo monográfico, colocaremos la cantidad de huelgas por empresa y por año en un ANEXO O APÉNDICE DOCUMENTAL.

En ese anexo se pueden colocar: cuadros estadísticos, esquemas, planos, mapas, dibujos, fotos,

---

[5] Para más detalles acerca de cómo presentar la bibliografía, y sobre la diferencia entre ésta y las referencias bibliográficas ver nuestro *Cómo resumir*.

etc.

El ÍNDICE O SUMARIO de la monografía es una de las primeras cosas que nuestros lectores van a mirar aunque –paradójicamente– será una de las últimas cosas que vamos a escribir. En el índice figurarán los títulos y subtítulos, ordenados según una numeración especial. El número principal se destinará a los capítulos centrales (ejemplo: capítulo 3), con un número subordinado para los títulos (ejemplo: 3.1, 3.2…) y otro a su vez subordinado a este último para los subtítulos (ejemplo: 3.1.1, 3.1.2…).

Además del ÍNDICE GENERAL de la obra, podemos incluir otros, tales como un ÍNDICE DE TÉRMINOS CLAVE –GLOSARIO–, un ÍNDICE DE NOMBRES –ONOMÁSTICO– o un ÍNDICE DE ILUSTRACIONES.

9- LOS ASPECTOS FORMALES Y LA PRESENTACIÓN DEL TRABAJO

Al fin llegó la hora de los preparativos finales para presentar la monografía. Veamos algunas pautas.

NORMAS DE PRESENTACIÓN DE UNA MONOGRAFÍA

✓ MÁRGENES en los cuatro lados de la caja: derecha, izquierda, superior e inferior.

✓ ESPACIOS entre líneas y (aún mayores) entre párrafos.

✓ SANGRÍA en la primera línea de los párrafos.

✓ PÁGINAS NUMERADAS (no la tapa).

✓ PORTADA: nombre del autor, materia o curso, título y subtítulo, nombre del docente, institución, fecha.

✓ TÍTULOS en mayor tamaño y/o en negrita.

✓ TÍTULOS de capítulos o partes fundamentales, en hoja nueva.

BIBLIOGRAFÍA

Alvarado, Maite, *Paratexto*, EUDEBA, Buenos Aires, 2006.

Arnoux, Elvira N. de et al, *La lectura y la escritura en la universidad*, EUDEBA, Buenos Aires, 2002.

Bas, Alcira et al, *Escribir: apuntes sobre una práctica*, EUDEBA, Buenos Aires, 2000.

Carlino, Paula, *Escribir, leer y aprender en la universidad*, FCE, Buenos Aires, 2005.

Cazau, Pablo, *Pautas para la realización de una monografía*, Buenos Aires, 2006.

Clarín, *Colección libros de orientación vocacional*, "Q´ estudio", Nº 6, Buenos Aires, 2010.

Eco, Umberto, *Cómo se hace una tesis*, Gedisa, Buenos Aires, 1998.

Fau, Mauricio, *Cómo estudiar*, La Bisagra Editorial, Buenos Aires, 2011.

-, *Cómo resumir*, La Bisagra Editorial, Buenos Aires, 2008.

Marín, Marta y Hall, Beatriz, *Prácticas de lectura con textos de estudio*, EUDEBA, Buenos Aires, 2005.

Nogueira, Sylvia (coordinadora), *La lectura y la escritura en el inicio de los estudios superiores*, Prácticas de taller sobre discursos académico, político y parlamentario, Editorial Biblos, Buenos Aires, 2006.

-, *Manual de lectura y escritura universitarias*, Editorial Biblos, segunda edición corregida, Buenos Aires, 2004.

Parodi Sweis, Giovanni, *Comprensión de textos escritos*, EUDEBA, Buenos Aires, 2005.

Ramírez, Gastón (director), *Guía para aprender a estudiar*, Plaza Dorrego Editores, Buenos Aires, 2004.

Scardaccione, Claudio, *Técnicas para resumir textos*, Imaginador, Buenos Aires, 2007.

Staton, Thomas F. *Cómo estudiar.* Editorial Trillas, México 1988.

www.ingramcontent.com/pod-product-compliance
Lightning Source LLC
Chambersburg PA
CBHW022001170726
47994CB00021B/1553